Flute Time Pieces 1

Compiled and edited by

Ian Denley

MUSIC DEPARTMENT

OXFORD

UNIVERSITY PRESS

OXFORD

UNIVERSITY PRESS

Great Clarendon Street, Oxford OX2 6DP, England
198 Madison Avenue, New York, NY10016, USA

Oxford University Press is a department of the University of Oxford.
It furthers the University's aim of excellence in research, scholarship,
and education by publishing worldwide

First published 2004

1 3 5 7 9 10 8 6 4 2

ISBN 0-19-322099-7

Music and text origination by
Stave Origination
Printed in Great Britain on acid-free paper by
Caligraving Ltd., Thetford, Norfolk

Contents

Rigaudon

Henry Purcell
(1659–95)

Allegro moderato ♩ = c.126

Cattle call, Op. 17, No. 20

Edvard Grieg
(1843–1907)

Andante con moto ♩. = c.52

Printed in Great Britain

OXFORD UNIVERSITY PRESS, MUSIC DEPARTMENT, GREAT CLARENDON STREET, OXFORD OX2 6DP

Bourrée
from Sonata in G, HWV363b

Tempo di Bourrée ♩ = *c.*144

Dynamics should be chosen by the performers

George Frederick Handel
(1685–1759)

staccato

Park Avenue rag

Ian Denley

With a typically trotting tempo ♩ = *c.*72

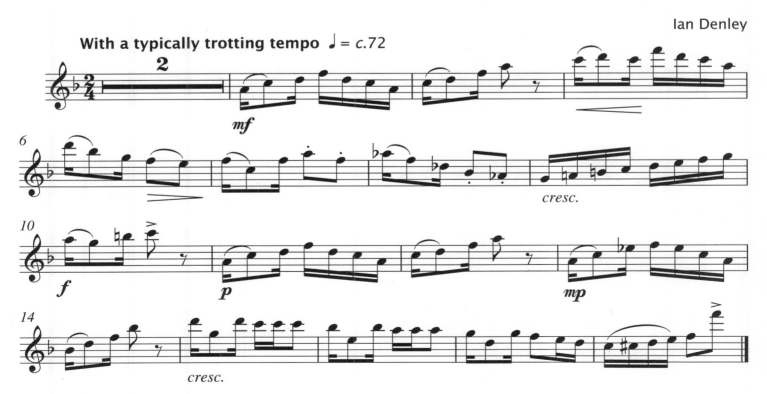

Little Freddy's birthday, K529

Wolfgang Amadeus Mozart
(1756–91)

Tyrolean air
from Theme and Variations, Op. 107, No. 5

Ludwig van Beethoven
(1770–1827)

Concerto in D major, RV428
2nd movement, 'The Goldfinch'

Cantabile ♪ = *c.*112

Dynamics should be chosen by the performers

Antonio Vivaldi
(1678–1741)

Urtext

Realization

Greek pastoral

Arthur Veal

Rondeau
from Suite No. 2 in B minor, BWV1067

Johann Sebastian Bach
(1685–1750)

Flute Time Pieces 1

Piano accompaniment book

Compiled and edited by

Ian Denley

MUSIC DEPARTMENT

OXFORD
UNIVERSITY PRESS

Contents

Rigaudon

Henry Purcell
(1659–95)

Printed in Great Britain

OXFORD UNIVERSITY PRESS, MUSIC DEPARTMENT, GREAT CLARENDON STREET, OXFORD OX2 6DP

Cattle call, Op. 17, No. 20

Edvard Grieg
(1843–1907)

Bourrée
from Sonata in G, HWV363b

George Frederick Handel
(1685–1759)

Tempo di Bourrée ♩ = *c*.144

Dynamics should be chosen by the performers

Park Avenue rag

Ian Denley

Little Freddy's birthday, K529

Wolfgang Amadeus Mozart
(1756–91)

Tyrolean air

from Theme and Variations, Op. 107, No. 5

Ludwig van Beethoven
(1770–1827)

Concerto in D major, RV428
2nd movement, 'The Goldfinch'

Cantabile ♪ = *c.*112

Dynamics should be chosen by the performers

Antonio Vivaldi
(1678–1741)

Urtext

Realization

Greek pastoral

Arthur Veal

Rondeau
from Suite No. 2 in B minor, BWV1067

Johann Sebastian Bach
(1685–1750)

Habañera

from *Carmen*

Georges Bizet
(1838–75)

Gavotte
from *The Gondoliers*

Arthur Sullivan
(1842–1900)

Sonata No.1 in D
3rd movement

Andante grazioso ♪ = *c.*104

Dynamics should be chosen by the performers

Giovanni Battista Serini
(*c.*1715–65)

Prelude No. 2

George Gershwin
(1898–1937)

Top of the morning

Frederick Stocken
(b. 1967)

Future dream, Op. 79

Ernesto Köhler
(1849–1907)

Morceau de Concours

Léo Delibes
(1836–91)

Morceau (Concours de flûte, 1876) from *Three Original Pieces* by Léo Delibes and Jules Massenet. Edited by John Solum.

Novelty foxtrot
from *Dance Suite*

Mátyás Seiber (1905–60)
arr. Stefan de Haan

D. S. (𝄋)

Habañera

from *Carmen*

Georges Bizet
(1838–75)

Allegretto quasi andantino ♩ = *c*.60

p espress.

allow a little time   **a tempo**

mp

p

ff

p   **ff**

p   **ff**

* If you want to play this triplet really quickly, just lift your LH thumb off for the F♯ between the two Es.

Gavotte
from *The Gondoliers*

Arthur Sullivan
(1842–1900)

Sonata No.1 in D
3rd movement

Giovanni Battista Serini
(*c.*1715–65)

Andante grazioso ♪ = *c.*104

Dynamics should be chosen by the performers

Prelude No. 2

George Gershwin
(1898–1937)

* Finger E as usual, but trill the LH 3rd finger. Make sure that the final A is fingered normally.

Top of the morning

Frederick Stocken
(b. 1967)

Future dream, Op. 79

Ernesto Köhler
(1849–1907)

Morceau de Concours

Léo Delibes
(1836–91)

Morceau (Concours de flûte, 1876) from *Three Original Pieces* by Léo Delibes and Jules Massenet. Edited by John Solum.

Novelty foxtrot
from *Dance Suite*

Mátyás Seiber (1905–60)
arr. Stefan de Haan

Y DERWYDDON

- CYFAREDD CAER IS -

STORI GAN

JEAN-LUC ISTIN A THIERRY JIGOUREL

DARLUNIO GAN

JACQUES LAMONTAGNE

ADDASIAD CYMRAEG GAN

ALUN CERI JONES

DALEN

www.dalenllyfrau.com

Mae *Y Derwyddon: Cyfaredd Caer Is* yn un o nifer o
lyfrau straeon stribed gorau'r byd sy'n cael eu cyhoeddi
gan Dalen yn Gymraeg ar gyfer darllenwyr o bob oed.
I gael gwybod mwy am ein llyfrau, cliciwch ar ein gwefan
www.dalenllyfrau.com

Y Derwyddon

Cyhoeddwyd yn gyntaf yn 2007 gan
Dalen, Glandŵr, Tresaith, Ceredigion SA43 2JH

Mae Dalen yn cydnabod cefnogaeth ariannol Cyngor Llyfrau Cymru

ISBN 978-0-9551366-8-9
Cyhoeddwyd yn wreiddiol gan Soleil yn Ffrangeg fel
Les Druides: Is la Blanche
Hawlfraint © y testun Cymraeg, Dalen 2007
Hawlfraint © MC Productions - Istin - Jigourel - Lamontagne 2006

Argraffwyd yn Ffrainc gan Hémisud

ROEDD YR HANES AR LED...

ROEDD TYNGYR WEDI SÔN
AM YR HYN A WELODD – CORFF
HEB BEN YN GORWEDD MEWN
TROL, A THRI DERWYDD
GERLLAW.

DOEDD DIM DWYWAITH BOD EI FRAWD
BRÂN A'I GYFAILL BRIOG HWYTHAU
WEDI EI DAL... YN WIR...

TAMEIDIAU DIGON ANSICR, OND
DIGON I DROI YMATEB Y BOBOL
YN DDIALEDD CROCH...

LAWR AG EILUNOD Y GWŶR DI-GRED!

ANGAU I'R FFUG DDUWIAU!

LAWR Â'U MEINI!

ANGAU I'R
ANGHREDINWYR!

I'R BEDD Â'R
HEN GREFYDD!

AROS! MAE'N RHAID I NI DDOD O HYD I'R PLANT!

YN UNION! MI DDOWN NI NÔL I'R HEN FEINI! DEWCH I NI WAREDU'N TIR O'R LLOFRUDDWYR YN GYNTA!

O'M LLOCHES AR YNYS SGELIG, MAE'R COF AM Y GIWED DDALL, DDIALGAR, DDISYFL YMA'N FYW O HYD.

ANGAU IDDYN NHW!

DYNA FEDDYLFRYD SYML Y WERIN, YN METHU Â DIRNAD SANCTEIDDRWYDD YN EI HOLL OGONIANT. MEDDWL UNPLYG, SICR, A CHRED DDIAMOD MEWN UN DUW. YN DILYN LLWYBR CUL, CYFIAWN, OND YN RHY GUL I ANWESU UNRHYW GRED ARALL.

BU LLOFRUDDIAETHAU'R MYNACHOD YN BWYDO TÂN FU'N MUDLOSGI YMHLITH Y BRYTHONIAID ERS I'W CYCHOD LANIO YNG NGWLAD Y GALIAID, A'U CENEDL WLADYCHU DAEAR LLYDAW.

DIGENTIR SNI BRATIR! REDRESTA SNI UEDI AD NEMO! (1)

NI GATE IN LINNA LEUCA, TRAGETO IN BROGA VIROIANIIA. (2)

MAPOS SUCAROS RIAGNA SOUNA, ADRET MAGOS BLATON ANTUMNOS! (3)

!!

ROEDD Y CRWT YN DWEUD Y GWIR!

ANGAU I BOB UN!

(1) NAC ANGHOFIED EIN BRAWD! BOED I'N GWEDDI ESGYN ATO I'R NEF!
(2) FY MAB MEWN LLIAIN GWYN, TROEDIA FRO'R GWIRIONEDD.
(3) BLENTYN CÂR BRENHINES YR HUN, RHED DRWY FEYSYDD BLODAU PARADWYS!

RHAIN WNAETH LADD Y MYNACHOD!

BLE MAE EIN BECHGYN, BRÂN A BRIOG?

NID YDYM YN LOFRUDDION.

BETH AM HWN? PWY LADDODD HWN OS NAGE CHI? CHI Â'CH DEFODAU FFIAIDD!

DYRWCH GORFF FY MAB I MI, AC MI GEWCH CHI FARW'N DDI-BOEN!

'NHAD! NA!

DYMA NI FAN HYN! YN HOLLIACH!

BRÂN! BRIOG!

FEL Y DYWEDAIS, NID YDYM YN LOFRUDDION. ROEDD Y MYNACH EISOES YN FARW PAN DDAETHOM AR EI DRAWS. TAWELU DIODDEFAINT EI ENAID OEDD EIN BWRIAD.

CELWYDD!

MAE EICH PLANT YN DDIOGEL. PA RAID I NI ARDDEL ANWIR? CAWSOM HEN DDIGON O AMSER I FFOI CYN I CHI GYRRAEDD, WEDI I'R PLANT DDWEUD Y BYDDECH YN DOD. OND MAE'R DEFODAU OLAF HYN YN RHAN O IRO ENAID Y TRUAN. RHAID OEDD I NI AROS, ER EI FWYN EF.

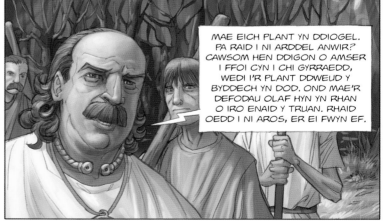

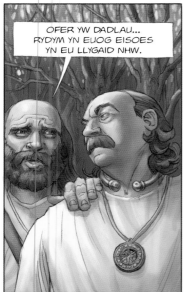

6

GWYNLAN, OEDDET TI AM DDANGOS RHYWBETH I MI?

OEDDWN, BUDOG.

WRTH I MI GRWYDRO, MI DDES I O HYD I HWN AR Y TRAETH.

EDRYCH...

ARGLWYDD MAWR! Y NHW!

PWY YN UNION...?

NOD Y DIAFOL YW E, GWYNLAN!

ONID DYNA GROES DY WAREDWR, BUDOG?

FE YMDDENGYS FELLY, GWYNLAN, OND MAE IDDO YSTYR CUDD...

RWY'N SYNHWYRO DY FOD AM ROI GWERS I MI, GYFAILL BUDOG...

YDW, GWYNLAN. MAE CYMAINT O DDIRGELION YN PERTHYN I GREFYDD CRIST... A RHAG CYWILYDD I MI, WNES I HEPGOR SÔN AMDANYNT.

ERS I'N CRED YNG NGHRIST YMLEDU DROS YNYS PRYDAIN, CAFWYD SAWL DEHONGLIAD GWAHANOL O'I LÂN EFENGYL.

YN YSTOD HANNER CYNTAF Y GANRIF HON GWELWYD CARFAN O GRISTNOGION YN ARDDEL ATHRAWIAETH EWYLLYS RYDD A BREGETHWYD GAN PELEG. ATHRAWIAETH OEDD HON OEDD YN GWRTHOD DEHONGLIAD YR EGLWYS AM Y PECHOD GWREIDDIOL.

MAE ATHRAWIAETH PELEG YN GYFARWYDD I MI – UN SYNHWYROL A CHYFIAWN.

OND GWELODD YR EGLWYS YN RHUFAIN FEIAU YN EI DDYSGEIDIAETH, A DYFARNODD Y TAD SANCTAIDD BOD EI ATHRAWIAETH YN GAM-GRED.

RHODDODD GENADWRI ARBENNIG I'R BRYTHON PADRIG, AC I SWYDDOG O'R FYDDIN A FU DAN HYFFORDDIANT YR ESGOB GARMON.

DAU ENAID PRIN EU TOSTURI...

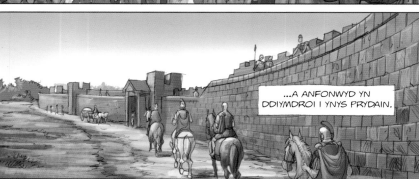

...A ANFONWYD YN DDIYMDROI I YNYS PRYDAIN.

CYN IDDO FYND I EFENGYLU YMYSG Y GWYDDYL, GORCHWYL PADRIG OEDD HERIO DYSGEIDIAETH PELEG YN EI FRO EI HUN. MI DDEFNYDDIODD DDADLEUON A DULLIAU... AMHEUS...

SEFYDLODD PADRIG GYNULLIAD CYFRIN, A'R AELODAU YN ARDDEL YR UN DALIADAU EITHAFOL AG E. Y CYNULLIAD HWN RODDODD EI GYNLLUNIAU TYWYLL AR WAITH.

DIALEDD DUW OEDD ENW'R URDD DDIRGEL YMA.

LLECHAI'R GATRAWD HON YN Y CYSGODION. DEUAI'R AELODAU O ARDAL ALCLUD GER Y WAWL YNG NGOGLEDD PRYDAIN - MILWYR O'R LLENGOEDD A ANFONWYD YNO I FYND I'R AFAEL Â TALWRCH A'I FYDDIN O BLITH Y PRYDYN.

ER DATGAN MAI UNDOD YMHLITH CRISTNOGION OEDD AMCAN Y FINTAI HON, PWRPAS EI HAELODAU OEDD GWAREDU'R YNYS O BAWB A FYDDAI'N ARDDEL YR EWYLLYS RYDD, NEU UNRHYW ANGHYDFFURFIAETH ARALL AG EGLWYS RHUFAIN.

Y GROES HON OEDD ARWYDD YR URDD, OND ROEDDWN I'N MEDDWL BOD YR URDD WEDI HEN DDIFLANNU O'R TIR.

MAE DOD O HYD I'R BATHODYN YMA AR DIR LLYDAW YN ARGOELI'N DDRWG, GWYNLAN.

PAM FELLY, BUDOG...

HWYRACH NAD YW DIALEDD DUW WEDI DIFLANNU O GWBWL...

MAE MEDDWL ANNIBYNNOL EIN HEGLWYS YM MHRYDAIN, LLYDAW AC IWERDDON EISOES WEDI CYNDDEIRIOGI EGLWYSWYR RHUFAIN.

MAE'R FAM EGLWYS WEDI PWYSO ARNOM I ROI'R GORAU I'N DALIADAU CYNHENID.

MAE ARNA I OFN BOD GWRTHDARO DIFRIFOL AR DROED...

9

ATHRO! FRAWD BUDOG! O'R DIWEDD...

BE SY'N BOD?

MAE'R BRAWD MEUDYDD AM I CHI DDOD AR FRYS. MAE GANDDO GWCH YN BAROD I HWYLIO DRAW I'R TIR MAWR...

MAE SÔN AM FYNACH ARALL A'I BEN WEDI EI DORRI I FFWRDD.

AC MAE POBOL Y FRO WEDI DAL Y SAWL SY'N EUOG.

ROEDDWN YN NABOD EI WYNEB YN DDA...

GOLWG YSTYRLON OEDD YN TROI TUA'R NEN, YN CEISIO GOLEUNI DWYFOL LLEU.

GWYDDAI LLEU YN IAWN AM Y FFYDD A RODDAI GWYNLAN YNDDO.

ROEDDEM OLL YN BAROD AM UNRHYW BETH. FODD BYNNAG, O WELD Y CYRFF CELAIN AR WASGAR, TEIMLAIS FY HUN YN GWEGIAN.

NAAAAA!

YNO'N GELAIN OEDD HEN GYFAILL I'M HATHRO A CHYDNABOD I MI, EI WAED YN GOCH AR YR EIRA GWYN...

CYMWYN! FY HEN GYFAILL CYMWYN...

BETH DDIGWYDDODD FAN YMA?

MAE'N DDIGON AMLWG I MI, FRAWD BUDOG. WELWCH CHI GORFF Y MYNACH YN Y DROL? Y DERWYDDON HYN A'I LADDODD E...

...YNA CYMRYD Y PLANT YN GAETH! UNIG FWRIAD Y BOBOL HYN OEDD EU HACHUB NHW, AC I WNEUD HYNNY RHAID OEDD LLADD Y DERWYDDON.

FYDDAI CYMWYN BYTH WEDI GWNEUD DRWG I RYWUN DINIWED, BOED FYNACH NEU BLENTYN!

BETH AM Y CORFF YN Y DROL FELLY?

WN I DDIM PWY LADDODD E.

OND NID LLOFRUDDWYR MO'R DERWYDDON HYN! BYDDAI TROSEDD O'R FATH WEDI BOD Y TU HWNT I'W DIRNAD!

GEIRIAU RHWYDD GAN DDYN SYDD HEFYD YN FOCHYN O DDERWYDD!

MAE HWN HEFYD YN HAEDDU CAEL EI GURO'N GELAIN!

ANGAU I'R DERWYDDON!

MAE EU DWYLO'N GOCH! Y CYTHREULIAID GWAEDLYD Â NHW!

Y GORAU FYDD I CHI EI HEGLU HI O 'MA, TRA 'MOD I'N DAL I ALLU FFRWYNO CYNDDAREDD Y WERIN.

PWY WYT TI?

CYNGAR, PENADUR NEWYDD BRO OELO YDW I. FI SY'N GYFRIFOL AM GADW CYFRAITH A THREFN. AC YN FY MARN I, DIOGELU EU PLANT OEDD PENNAF NOD Y BOBOL YMA.

AI DYMA UN O'R PLANT FU BRON Â THRENGI?

IE, FRAWD BUDOG. EI ENW YW BRÂN.

TYRD YN NES, FY MACHGEN.

DYWED WRTHA I, BRÂN FY MAB. AI GWIR YW I'R DERWYDDON GEISIO GWNEUD NIWED Â TI?

...

RHO ATEB...

EDRYCH ARNA I, NID AR DY RIENI.

AI BWYSTFILOD RHEIBUS OEDD Y DERWYDDON HYN? WNAETHON NHW GEISIO DY LADD?

NADDO...

BETH OEDD EU BWRIAD FELLY?

DIM OND GOFALU AM Y CORFF OEDD YN BWYSIG IDDYN NHW, GAN NAD OEDD EI ENAID ETO'N DAWEL...

...AC ROEDD ANGEN CYMORTH ARNO.

13

14

PA SYNNWYR SYDD YN HYNNY?

EDRYCHWCH AR HWN! STANC Â SGRIFEN OGAM ARNO. ROEDD E'N SOWND YNG NGHORFF Y MYNACH DRUAN - HEN DDIGON O DYSTIOLAETH I MI!

STANC GAFODD EI ROI YNO ER MWYN PARDDUO URDD Y DERWYDDON!

CYNLLWYN, IE? PAM FYDDAI RHYWUN AM GYNLLWYNIO YN ERBYN GWEDDILLION Y DDERWYDDIAETH?

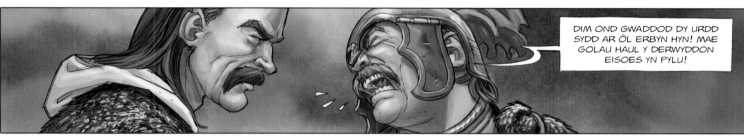

DIM OND GWADDOD DY URDD SYDD AR ÔL ERBYN HYN! MAE GOLAU HAUL Y DERWYDDON EISOES YN PYLU!

DIM OND FY MHARCH TUAG AT Y BRAWD BUDOG SY'N FY NGHADW RHAG DY ROI DAN GLO, DDERWYDD! AWGRYMAF MAI FFRWYNO DY DAFOD FYDDAI ORAU, AC I TI YMADAEL Â'R FAN HON.

DYNA DDIGON O SIARAD!

WRTH GWRS, CYNGAR. DIOLCH AM EICH HYNAWSEDD.

BUDOG, RWY WEDI CYNDDEIRIOGI!

MAE HYNNY'N GLIR, GYFAILL.

15

PRIN AMSER A FU I ROI TREFN AR EIN PETHAU AR ÔL DYCHWELYD I FYNACHLOG YNYS FRIAD, CYN I NI GYCHWYN AR FORDAITH HIR...

ROEDD Y DIGWYDDIADAU DIWEDDAR HYN YN CHWARAE AR FEDDWL FY ATHRO. GYDA HYNNY, ROEDD Y FORDAITH I GAER IS YN IRAIDD IDDO...

I BLE'R EI DI?

BETH YW DY YSTYR?

A GREDI DI MAI'R DERWYDDON SY'N EUOG?

CYN FFURFIO BARN, RHAID CEISIO DEALL Y DYSTIOLAETH SYDD WRTH LAW.

BETH YW'R CYSWLLT RHWNG Y BATHODYN A'R LLAWYSGRIF?

BETH YW'R CYSWLLT RHWNG TALWRCH Y PRYDYN AC ENWAD DIALEDD DUW?

OS CAWN NI ATEBION I'R CWESTIYNAU HYN, GALLWN HEL Y LLOFRUDD – NEU'R LLOFRUDDWYR – I'R AGORED.

DIGON GWIR, GYFAILL. DIGON GWIR.

ATHRO?

IE, TARAN?

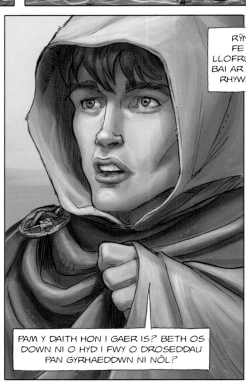

RŶN NI'N MYND I GWRDD Â GWYNNIO. FE WNAETH OFYN I MI YMCHWILIO I'R LLOFRUDDIAETHAU HYN, RHAG I BAWB WELD BAI AR URDD Y DERWYDDON. ER HYNNY, MAE RHYWBETH AMHEUS AM Y CWBWL, TARAN.

PAM Y DAITH HON I GAER IS? BETH OS DOWN NI O HYD I FWY O DROSEDDAU PAN GYRHAEDDWN NI NÔL?

GREDWCH CHI Y DAW UNRHYW DDAIONI O GYFARFOD AG E?

RWYT YMA AR DY BEN DY HUN, FRENIN CERNYW LLYDAW! YN OER, YN RHYNNU MEWN OFN! MI ALLWN I DY DDIFA AR AMRANT!

DYRO DERFYN AR FY EINIOES FELLY, MAELWEN.

ATSEINIODD Y DYDD I DRAW HAEARN YN ERBYN HAEARN AR GREIGIAU'R MORLYN. YN YSTWYTH, YN GRYF, YN WYTNACH NA GRALON, CHWARAEAI MAELWEN Â'I EINIOES.

GALLWN FOD WEDI DY DAFLU I'R ARALLFYD DROEON. OND FE'M FFRWYNWYD GAN RYW YSFA ANNELWIG.

ATALIWYD FY NGHLEDD A LLESTEIRIWYD FY NGREDDF. FEL FINNAU, RWYT WEDI CYRRAEDD PENLLANW DY FREUDDWYDION. MAE EIN TYNGED EIN DAU YN UN, YN Y BYD HWN A'R BYD Y TU HWNT.

A'U CNAWD YN UN, NI FU GWAHANU AR Y DDAU HYD NES I FANTELL DDU Y NOS EU GORCHUDDIO Â CHWRLID OER.

MAE UN PRAWF ARALL YN DAL I'TH WYNEBU, FRENIN CERNYW LLYDAW.

CARCHAROR YDWYF DAN ORMES FY NGŴR HARALD. PLESERAU'R WLEDD A DIRGELION MORYNION YN UNIG SY'N LLEDDFU EI CHWANTAU. I'M RHYDDHAU O'I HUALAU, RHAID I TI EI DDIFA YN EI DRWMGWSG.

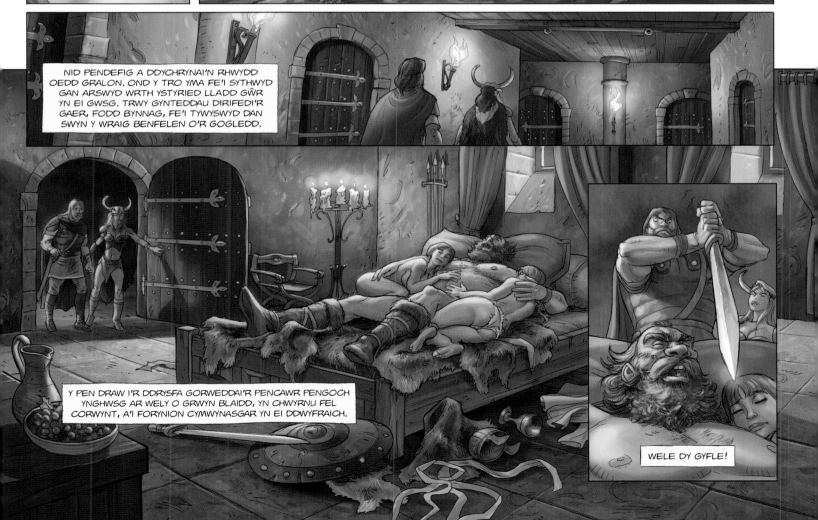

NID PENDEFIG A DDYCHRYNAI'N RHWYDD OEDD GRALON. OND Y TRO YMA FE'I SYTHWYD GAN ARSWYD WRTH YSTYRIED LLADD GŴR YN EI GWSG. TRWY GYNTEDDAU DIRIFEDI'R GAER, FODD BYNNAG, FE'I TYWYSWYD DAN SWYN Y WRAIG BENFELEN O'R GOGLEDD.

Y PEN DRAW I'R DDRYSFA GORWEDDAI'R PENCAWR PENGOCH YNGHWSG AR WELY O GRWYN BLAIDD, YN CHWYRNU FEL CORWYNT, A'I FORYNION CYMWYNASGAR YN EI DDWYFRAICH.

WELE DY GYFLE!

Â'I GLEDD LLAFNLAS, TRAWODD GRALON Y PENCAWR DEIRGWAITH DRWY EI GALON. DEFFRÔDD EI LYGAID WRTH I'W WAED LIFO FEL FFRYDIAU UFFERN YN AMDO AR EI FREST. RHUODD FEL BWYSTFIL Y FALL CYN SIGO DRACHEFN O'I GLWYF ANGHEUOL. FFODD EI FERCHED CYSUR, EU CYMWYNAS AR BEN.

BU'R DYDDIAU NESAF YN LLAWN CYFEDDACH A GWLEDDA. YN RHYDD O ORMES Y PENCAWR, LLIFAI'R MEDD A'R CWRW, AC ATSEINIAI'R GAER RUDDGOCH Â CHWERTHIN IACH AC Â PHERSAIN Y DELYN A'R CRWTH.

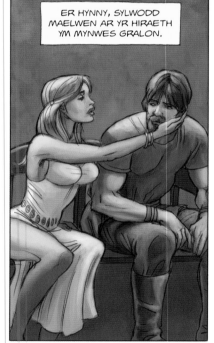

ER HYNNY, SYLWODD MAELWEN AR YR HIRAETH YM MYNWES GRALON.

"MAE FY NGHALON YN HOLLT AR ÔL LLYDAW," MEDDAI WRTHI'N DDOLEFUS.

"AWN AT DY BOBOL," ATEBODD HITHAU'N DYNER.

"MAE FY NYNION WEDI TROI TUA THRE. UN CWCH BYCHAN YN UNIG SYDD YMA AR ÔL," DYWEDODD.

DANGOSODD IDDO EI CHEFFYL FFYDDLON, MORFARCH. "YN FWY HUAWDL AR Y DYFROEDD NA'R EOG ARIAN, GALL EIN CLUDO AR WIB DROS Y TONNAU I GYFEIRIAD DY LONGAU," MEDDAI MAELWEN.

MEWN DIM O DRO FE'U DYGWYD GAN MORFARCH AT LYNGES LLYDAW.

CROESAWODD Y MORWYR EU BRENIN YN ÔL YN LLAWEN, OND DEWINES DDIEFLIG OEDD MAELWEN YN LLYGAID PAWB AC EITHRIO GRALON.

CAEODD GRALON EI GLYW I BOB BEIRNIADAETH, CYMAINT OEDD EI GARIAD TUAG AT WRAIG Y GOGLEDD.

WRTH I'R LLONGAU FORIO
NIWLOEDD DUDEW DIDERFYN, RHODDODD
Y CARIADON O'U CNAWD A'U HENAID I'R
NWYD A YSAI YN EU LWYNAU.

AM FLWYDDYN GRON, HWYLIENT
TRWY DDYFROEDD DIEITHR,
HEB WYBOD I BLE YR AENT
NAC O BLE Y DAETHANT.

GYDA THREIGL Y MISOEDD
BLODEUODD YR HEDYN YNG
NGHROTH MAELWEN. TYFODD
YN GRWN FEL AERON GWYN
YR UCHELWYDD.

MYFYRIAI GRALON AM ORIAU DIBENDRAW
WRTH GORFF FFRWYTHLON EI GARIAD.
CLUSTFEINIAI AR YR ADDEWID AM FYWYD
ODDI MEWN, EI LYGAID YN DISGLEIRIO
FEL SÊR TANBAID.

OND BYR OEDD EI LAWENYDD. WRTH
I MAELWEN ESGOR AR FFRWYTH EU
SERCH, AR ENETH A ENWYD YN DAHUD,
LLITHRODD I DYWYLLWCH Y NOS.

YN EI DRALLOD, YMGYMERODD
GRALON Â CHYNHEBRWNG
PENDEFIGAIDD I'W GYMAR.

GORWEDDAI'N DDISYFL YN EI
GOGONIANT, Â'I PHENWISG EFYDD A'I
LLURIG MAEL. AM ENNYD, NOFIODD EI
CHORFF AR WYNEB Y DŴR WRTH I LYGAID
Y BRENIN FWRW TREM AM YR OLAF
DRO AR EI HARDDWCH DIGYMHAROL...

...CYN IDDI SUDDO, O'I OLWG
I'R DYFNDEROEDD.

BUDOG BACH! RWYT TI NEWYDD DDRYLLIO LLOND GWLAD O GERDDI A CHWEDLAU AMDANI!

MAWREDD! ANAML IAWN Y BYDD NEB YN GWELD DIFYRRWCH YN FY NGEIRIAU!... HA! HA!

ER HYNNY, NID RHITH CHWEDLONOL OEDD O FEWN EIN GOLYGON. LLENWODD GWYNT Y GORLLEWIN EIN HWYLIAU, I'N CLUDO AR EIN HUNION AT UN O'R DINASOEDD GODIDOCAF I MI EU GWELD ERIOED.

CAER IS, Y DDINAS FALCH YN WYNEBU'R WEILGI. CAER IS, A'I PHYRTH PRES YN HERIO'R MÔR; Y DDINAS HEB FANGRE I'R GREFYDD NEWYDD.

YN ENW MODRON, ATHRO! DYMA RYFEDDOD!

SUT CAFODD DINAS MOR EANG EI CHODI, DWEDWCH?!

MAE SÔN BOD HUD A LLEDRITH YN SYLFEINI CAER IS, A BOD DAHUD WEDI TROI AT DDERWYDDESAU YNYS SWYN A GALW AR GYMORTH Y TYLWYTH TEG.

OND TYBIAF I FOD ÔL LLAW SAWL GWAREIDDIAD ARALL AR Y DDINAS HON...

BETH? YDY'R PARCHEDICAF ESGOB Y CYMER FAN HYN?

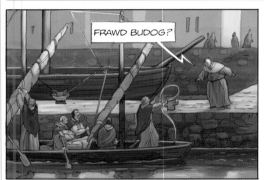

FRAWD BUDOG?

IE?

FI YW TOMOS, YSGRIFENNYDD Y SANCTAIDD GYWRENNIN.

YDY, YN WIR! CROESO I CHI!

AM DYRFA!

DYDD GŴYL I DDATHLU SEFYDLU CAER IS YW HI HEDDIW. MAE BLWYDDYN GRON ERS I'R HEN FAM DDUWIES WARCHOD DINAS DAHUD.

ONI DEIMLWCH CHWITHDOD WRTH DDATHLU GŴYL YR ANFFYDDWYR, FRAWD TOMOS?

GWNAF YN WIR, HYBARCH BUDOG! OND ASTRUS YW'R FFORDD TUAG AT YR ARGLWYDD! HWYRACH MAI DYMA UN FFORDD O'I GYRRAEDD...

I BLE'R AWN NI, FRAWD?

I'CH STAFELLOEDD, I YMBARATOI.

YMBARATOI AT BETH?

MAE'R DYWYSOGES DAHUD WEDI EICH GWAHODD I WLEDD ER ANRHYDEDD MASNACHWYR O GAERGYSTENNIN.

CAERGYSTENNIN? MI FYDD HI'N NOSON NWYDWYLLT, TARAN!

GRALON... DINAS A GYSEGRWYD I'R DIAFOL YW HON. DOES YMA DDIM CYSEGR I'N HARGLWYDD DDUW. MAE'N AMHEUS GEN I A FYDD RHUFAIN YN BAROD I ODDEF HYN RHYW LAWER ETO.

FRAWD GWYNNIO, BYDDAF YN SICR O DRAFOD HYN ETO GYDA DAHUD... OND HI SY'N TEYRNASU. DYLECH YSTYRIED EI DALIADAU CREFYDDOL A'I CHYMERIAD TANBAID.

TEYRNAS NEB OND DUW YW HON.

GWIR FO GEIRIAU GWYNNIO, GRALON. MAE'N HEN BRYD CODI ADDOLDY I'R ARGLWYDD YNG NGHAER IS!

WFFT! ONID YW EICH DUW YM MHOB UN OHONOCH?

ONID OES GAN EICH DUW DEMLAU DDIGON?

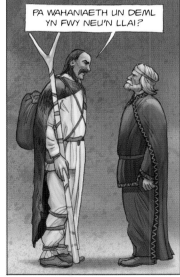

PA WAHANIAETH UN DEML YN FWY NEU'N LLAI?

GWYNLAN!

DOEDDWN I DDIM YN DY DDISGWYL DI YMA! BE DDAW Â TI I GAER IS?

DOD GYDA FY HEN GYFAILL, BUDOG, WNES I.

FRAWD BUDOG, CROESO I GAER IS! BU'R FORDAITH YN UN HWYLUS?

DIDRAFFERTH AR Y NAW, GRALON. DIM CREIGIAU I'N DRYLLIO NA SAESON I'N RHEIBIO!

HYBARCH BUDOG.

MAE'N DDA GEN I DY WELD ETO, GWYNNIO.

GADEWCH I MI GYFLWYNO'R SANCTEIDDIAF GYWRENNIN I CHI.

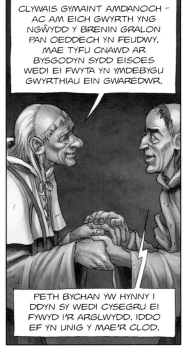

CLYWAIS GYMAINT AMDANOCH – AC AM EICH GWYRTH YNG NGŴYDD Y BRENIN GRALON PAN OEDDECH YN FEUDWY. MAE TYFU CNAWD AR BYSGODYN SYDD EISOES WEDI EI FWYTA YN YMDEBYGU GWYRTHIAU EIN GWAREDWR.

PETH BYCHAN YW HYNNY I DDYN SY WEDI CYSEGRU EI FYWYD I'R ARGLWYDD. IDDO EF YN UNIG Y MAE'R CLOD.

GYFEILLION, DEWCH AT Y BWRDD. BYDD FY MERCH YN DOD ATOM YMHEN YCHYDIG.

BODOM BODOMBOM

Y DYWYSOGES DAHUD. PENDEFIGES CAER IS. MERCH ANNWYL Y BRENIN GRALON FAWR!

WESTEION ANNWYL... AMSEROL IAWN YW EICH PRESENOLDEB HEDDIW! TREIGLODD Y PEDWAR TYMOR ERS CODI EIN DINAS, PEDWAR TYMOR DAN OFAL TYNER MODRON, Y FAM FAWR.

MAE BRI CAER IS EISOES WEDI CYRRAEDD PELLAFION Y DDAEAR, O DONNAU CYNNES YR YNYSOEDD DEDWYDD I DDIFFEITHDIR CRASBOETH Y DWYRAIN, O DDYFNDEROEDD TYWYLL YR AFFRIG I BEGYNAU GWYN Y GOGLEDD...

TAN FENDITH EIN DUWIAU, CROESAWN HEDDIW FASNACHWYR O DIROEDD AR LANNAU'R CANOLFOR. ER EU HARFERION ESTRON, CYFOETHOCACH YDYM O'U HADNABOD. YMWELWYR ANNWYL, CEWCH BROFI YMA FEDD LLESMEIRIOL LLYDAW, A'R DAWNSIO HYNAFOL O DRAS EIN CYNDEIDIAU CYTÛN.

FE'CH CROESAWAF I GAER IS, A BOED I'N CYNULLIAD ESGOR AR FFRWYTHLONDEB.

BU'R WLEDD YN FODD I AMLYGU DAU BEGWN EITHAFOL Y GWESTEION. RHODDODD DAHUD SELOGION YR UN DUW I EISTEDD YMHELL ODDI WRTH YR YMWELWYR ESTRON, HWY A RODDENT BRIS MAWR AR BLESERAU'R BWYD... A'R NOS.

COLLWYD MÂN SWNIAN COLLFARNUS DILYNWYR CRIST DAN HWYLIAU BONLLEFUS Y TRAMORWYR.

PA NEWYDD DDAETH O'R YMCHWIL, GWYNLAN?

YMCHWIL? WYT TI, YN DDERWYDD, YN GWEITHIO GYDA'R EGLWYS?

YDW, GRALON. MAE NIFER O FYNACHOD WEDI EU LLADD GER YNYS FRIAD.

DO, MI GLYWAIS INNAU AM Y LLOFRUDDIAETHAU ERCHYLL HYN. CHI DDERWYDDON SYDD ETO'N CAEL Y BAI. OND ANFADWAITH YW HYNNY - GREDA I DDIM GAIR O'R FATH ENSYNIADAU.

27

DA CLYWED HYNNY, FONESIG DAHUD. AC ETO MAE GODDEFGARWCH GWYNNIO WEDI EI GYMELL I OFYN I MI GANFOD Y GWIRIONEDD Y TU ÔL I'R LLOFRUDDIAETHAU HYN.

DYNA BETH YW MYNACH BACH CAREDIG!

PA DDATBLYGIADAU SYDD?

DOES DIM BYD YN SICR ETO. OND MAE GEN I DRYWYDD DIDDOROL I'W DDILYN.

GWYNLAN, NID DYMA'R FAN NA'R LLE!

MAE GEN I RESYMAU DILYS, BUDOG ANNWYL!

FRAWD GWYNNIO. WYDDOCH CHI AM URDD O'R ENW...

...DIALEDD DUW?

MAE URDD DIALEDD DUW WEDI HEN DDIFLANNU...

...PA GYSYLLTIAD POSIB ALLAI FOD RHWNG YR URDD A'R MARWOLAETHAU HYN?

MI DDES O HYD I FATHODYN YN CARIO'U NOD GER Y FAN LLE LLADDWYD Y MYNACHOD.

GALLAI'R BATHODYN FOD WEDI CAEL EI ROI YNO ER MWYN CYHUDDO DIALEDD DUW.

GALLAI HYNNY FOD. OND PAM? ER MWYN CYHUDDO URDD SY WEDI CHWALU NEU HEN DDIFLANNU O'R TIR?

DIGON! DIGON! RHAG DIFETHA HWYLIAU PAWB YMHELLACH!

CLAP CLAP

WELE'R MERCHED O'R AIFFT I DDEFFRO'N SYNHWYRAU, A SICRHAU FOD HENO YN NOSWAITH FELYS I'W CHOFIO.

SCLING SLING

A BETH YW DY ENW DI, WAS BACH GOLYGUS?

TARAN... FY ENW I YW TARAN.

EDRYCH ARNYN NHW, TARAN. YDY EU DAWNSIO NHW'N CYNHYRFU NWYDAU'R CNAWD?

MAEN NHW'N WLEDD I'R LLYGAD...

OND AIL YW EU HARDDWCH O'I GYMHARU Â CHI, DYWYSOGES DAHUD.

MI RWYT TI, TARAN, YN IFANC A DYGN, YN BUR OND ETO'N HUDOLUS. AC YN DDENIADOL TU HWNT...

GRALON...

IE, GWYNNIO?

MAE'R ANFOESOLDEB YMA O'N CWMPAS YN DRAMGWYDDUS YNG NGOLWG YR ARGLWYDD. ONID OES MODD ATAL CHWANTAU DAHUD? DAW DYDD Y BYDD GOFYN IDDI FOD YN ATEBOL AM EI HOFEREDD. MADDEUWCH I MI AM DDWEUD, GRALON.

RHYDD I BAWB EI DDWEUD AR BOB CYFRI, GWYNNIO...

CYWRENNIN?

MAE'N RHY GYNNAR I MI EI THROI HI AM FY NGWELY, GWYNNIO. MAE FY NGHORFF YN DEML A DIM OND TRWY FY LLAW FY HUN Y CAIFF EI HALOGI.

TRWY GYNNYDD TEMTASIYNAU'R DDAWNS MAE FY YSBRYD YN CAEL EI DDYRCHAFU.

GEIRIAU DOETH, HYBARCH GYWRENNIN!

AR EICH PENNAU FO DIGOFAINT DUW! GWARTH GWAREIDDIAD YW'R DDINAS HON! PYDEW OFEREDD A PHWLL BUDREDDI'R LLAWR!

PAM WNEST TI SÔN AM DDIALEDD DUW AR GOEDD YN Y FAN YNA?

ER MWYN DENU GWYNNIO I GYFRANNU I'R DRAFODAETH.

CAFODD EI FWRW ODDI AR EI ECHEL, DOES DIM DWYWAITH. OND MAE'N ANODD DARLLEN EI FEDDWL, ER EI FOD YN GALLU COLLI AR EI HUN YN AML.

MAE E'N CELU RHYWBETH. TARAN, WYT TI...

TARAN?

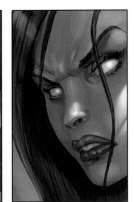

(I) DYCHWEL I FRO'R MEIRWON

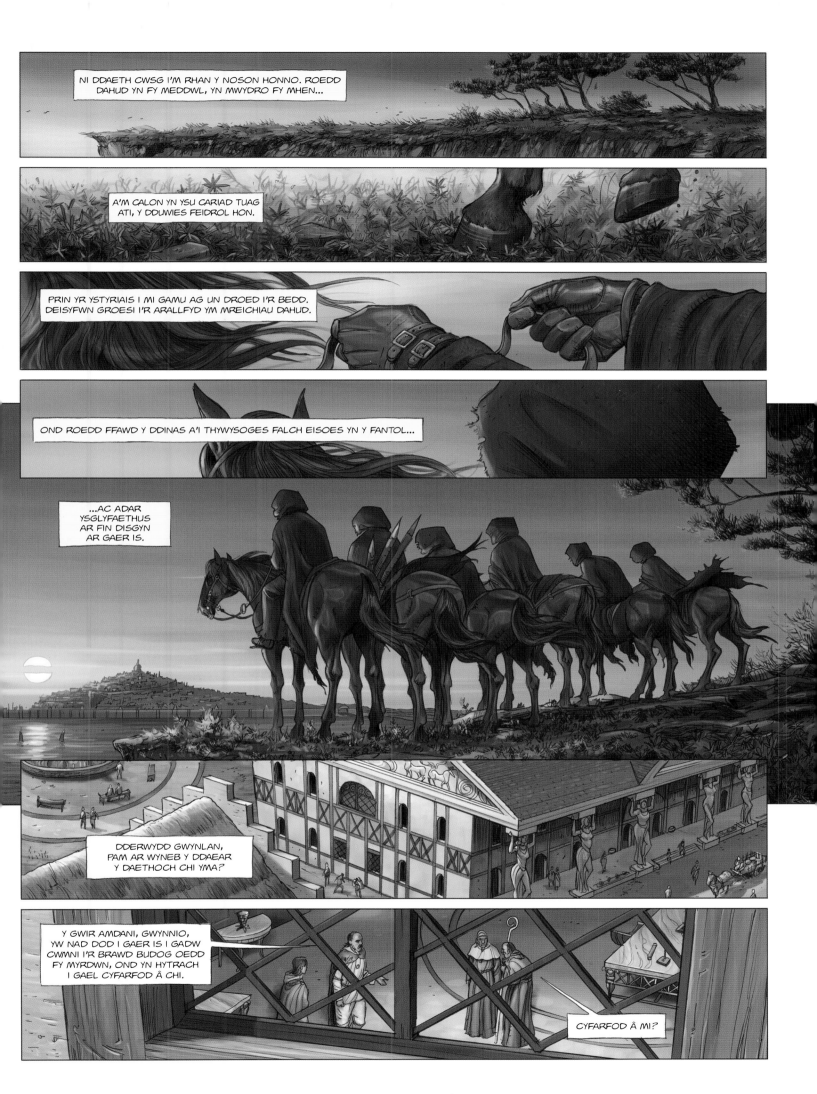

MAE FY URDD YN WRTHUN I BAWB, A MINNAU YN UN O'R OLAF SY'N EI CHYNRYCHIOLI. RŶCH CHI A'CH TEBYG WEDI CEISIO'CH GORAU GLAS I'N DIFA.

MAE RHAI O'CH PLITH WEDI TROI AT DDUW.

AC ERAILL WEDI TRENGI YN GWRTHSEFYLL YR EGLWYS FAWR.

GELYNION Y GWIR DDUW! EILUNADDOLWYR SY'N YMDRYBAEDDU MEWN BUDREDDI A LLECHU YN Y GWYLL!

DWEDWCH HYNNY WRTH PELEG, FRAWD GWYNNIO.

GAN BWYLL BACH, Y DDAU OHONOCH!

MAE'R BRAWD BUDOG YN LLYGAD EI LE. NID DYMA'R AWR I FFRAEO.

DA CHI, GWYNNIO, EDRYCHWCH I FYW FY LLYGAID A DWEUD PAM DEWIS DERWYDD I YMCHWILIO I'R LLOFRUDDIAETHAU HYN? WEDI'R CYFAN, DYWED YR ARWYDDION MAI FY MHOBL I A'U CYFLAWNODD NHW.

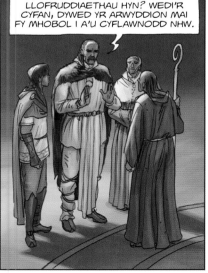

MAE...

RHYNGON NI YN UNIG Y MAE HYN, GWYNNIO. DA CHI, PEIDIWCH Â CHELU DIM...

MAE MWY YN EICH MEDDWL NAG SY'N AMLWG I MI...

34

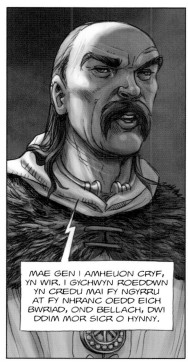

MAE GEN I AMHEUON CRYF, YN WIR. I GYCHWYN ROEDDWN YN CREDU MAI FY NGYRRU AT FY NHRANC OEDD EICH BWRIAD, OND BELLACH, DWI DDIM MOR SICR O HYNNY.

HYD NES Y DAW TYSTIOLAETH GER FY MRON, FEDRA I DDIM DWEUD PAM I MI EICH DEWIS.

MAE...

MAE YNA UNIGOLION SY'N BENDERFYNOL O WELD TRANC Y DDERWYDDIAETH. ER BOD EICH CREDOAU A'CH EBYRTH GWAEDLYD YN WRTHUN I MI, NID YR EGLWYS A FYNNODD Y LLOFRUDDIAETHAU HYN.

PWY, FELLY? DIALEDD DUW?

NID YW URDD DIALEDD DUW YN BODOLI MWY. OS MAI DYNA FAN CYCHWYN EICH YMCHWIL, CYSTAL I CHI DDECHRAU O'R NEWYDD.

CYFLWYNWCH Y DYSTIOLAETH I MI, DDERWYDD, A THYNGAF LW NA FYDD YN RHAID I'R DDERWYDDIAETH NA'R EGLWYS DDIODDEF YR ERCHYLLTERAU HYN MWYACH.

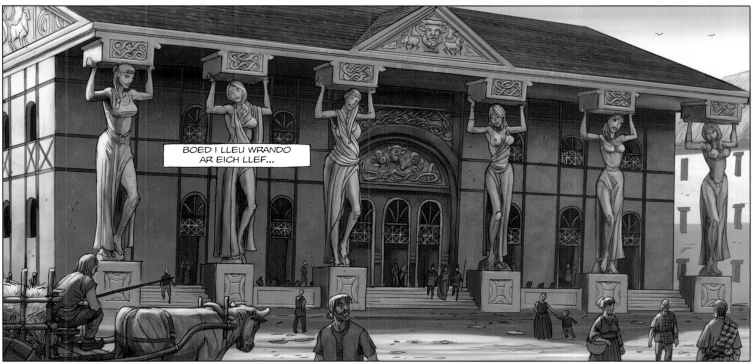

BOED I LLEU WRANDO AR EICH LLEF...

35

GERLLAW...

DYNESAI PENDEFIG ESTRON AT GAER IS.

YN WROL MEWN PENWISG...

...NA DDATGELAI EI WYNEB I NEB OND EI DDYWEDDI.

MAE E'N DOD YMA AMDANOCH CHI, FONESIG DAHUD!

AM ANRHYDEDD!

YN WIR, ANRHYDEDD. ANRHYDEDD BOD GWR YN CROESI TIROEDD MAITH, YN DOD MOR BELL I DRENGI.

AGORWCH Y PYRTH IDDO GROESI TROTHWY CAER IS!

BE SY AR DROED, ATHRO? MAE'R CYFAN FEL HUNLLEF I MI...

HUNLLEF YW'R GAIR, TARAN. NID MERCH GYFFREDIN MO DAHUD...

BETH YN UNION YW HI?

MAE HI'N FERCH I WRAIG O ANNWN, MERCH O'R ARALLFYD. MAE EI CHORFF A'I HENAID YN EIDDO I DDUWIAU AFALLON. HEB YN WYBOD I'W THAD NAC I CYWRENNIN, CAFODD EI DYSGU GAN DDERWYDDESAU YNYS SWYN.

WN I DDIM YN UNION BETH YW EI CHYMUNDEB Â'R DERWYDDESAU, NAC YCHWAITH Â'R DUWIAU. OND GWN FOD POB GEWYN O'I CHORFF YN DYHEU AM GYPLYSU Â PHA BYNNAG ŴR CRYF A DDAW I'W GŴYDD. AC YN ÔL TREFN Y DERWYDDESAU, MAE'N EU HEBRWNG I'R ARALLFYD, Y TU HWNT I OLWG DYN AM BYTH.

DEWISODD HI FI AR GYFER HYNNY?

DO, TARAN, AM UN NOSON YN UNIG - FEL POB UN O'R LLEILL. WELI DI'R TWRW WRTH Y PYRTH PRES?

WELE'R FINTAI FACH...

CORRACH O BIBYDD A'I FEISTR YSBLENNYDD. DIAU EI FOD YMA, FEL LLAWER O'I FLAEN, I GEISIO LLAW A GWELY EIN TYWYSOGES DLOS.

HER DAHUD YW Y GWNAIFF ILDIO I BRIODAS Â'R GŴR ALL EI LLORIO MEWN GORNEST GODWM.

FE'M SWYNWYD ERS DYDDIAU GAN HARDDWCH DISGLAIR DAHUD...

HEDDIW, CAWN FESUR EI GALLU MEWN GORNEST.

A HITHAU YN Y GODWM ER CADW'I RHYDDID A'I HURDDAS, EDMYGWN EI CHORFF DILYCHWIN, EI CHYMALAU LLUNIAIDD, EI NERTH CYWRAIN...

DAU CHWIM AC YSTWYTH AR DRAETHELL Y GAD.

GWRTHODAI'R ORIAU EU GWAHANU...

YMLWYBRODD YR HAUL AR DRAWS YR WYBREN CYN ILDIO'I LE I GYMYLAU DU. CODAI'R LLANW GAN FYGWTH Y DRAETHELL ISLAW, YN ATSAIN O DDICTER Y DUWIAU AM YR ORNEST GER Y LLI.

GYDA HYNNY, DAETH LLESGEDD AR GYHYRAU DAHUD YN WYNEB Y GORTHRYMWR GRYMUS HWN...

...A'I NERTH YNTAU'N YSU ER TREIGL YR ORIAU.

HMFFFF!

DDUW MAWR!
PA NERTH YW HYN?!

MAE HI
AR LAWR!

WEDI EI LLORIO!

MI LWYDDODD LLE
METHODD PAWB
O'I FLAEN!

FE'M CLWYFWYD GAN
HOLL DDOLURIAU'R
DDAEAR WRTH
RAGWELD
CAETHIWED DAHUD
MEWN PRIODAS.

FE'M
CORDDWYD GAN
CHWERWDER,
CENFIGEN
EFALLAI,
OND...

...CELAI GWEDD
FY ATHRO DEIMLAD
ARALL...

PRYDER.

ATHRO?

BETH SY? DIM.

CAFODD Y PENDEFIG
ESTRON Y GORAU AR DAHUD
FY MERCH. CANMOLIAETH
I'W NERTH A'I DDYCNWCH!

O HEDDIW YMLAEN
YMHRIOD Y BYDD
TYNGED EIN
TEYRNASOEDD
EIN DAU!

ATHRO, DOEDD Y TYWYSOG GWRWAN DDIM YN EICH PLESIO.

ROEDD RHYWBETH RHYFEDD YN EI LYGAID. DAETH Y FUDDUGOLIAETH DROS DAHUD IDDO YN RHY RHWYDD. FENTRA I EI FOD WEDI TROI AT LEDRITH A SWYN.

MAE RHYWBETH AR GOLL YN RHYWLE...

BETH YN UNION?

PA MOR GRYF YW'N GWRTHWYNEBWYR?

BETH YW BWRIAD Y LLOFRUDDWYR?

CAEL MEDDIANT AR GYFIEITHIAD O'R LLAWYSGRIF, DEBYG...

MAE'N SIŴR...

OND PAM LLADD Y MYNACHOD?

ER MWYN CELU'R HYN OEDD YN HYSBYS IDDYN NHW!

PAM FELLY?

GAN FOD CYFRINACHAU'R OESOEDD YN Y LLAWYSGRIF?

A FYDDAI DERWYDD WEDI GOFYN AM GAEL CYFIEITHIAD O'R TESTUN?

NA WIR!

PAM FELLY?

GAN Y BYDDAI EISOES YN HYDDYSG YN EIN DYSGEIDIAETH, AC YN DEALL Y TESTUN.

PAM YR AWYDD I DDYSGU EIN CYFRINACHAU?

RHYFEDD... I BLE MAE HWN YN MYND?

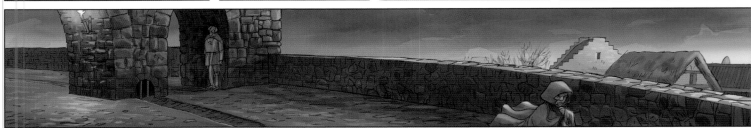

YDYCH CHI YMA?

RWY WEDI DOD AR RAN FY MEISTR...

MAE GEN I NEGES...

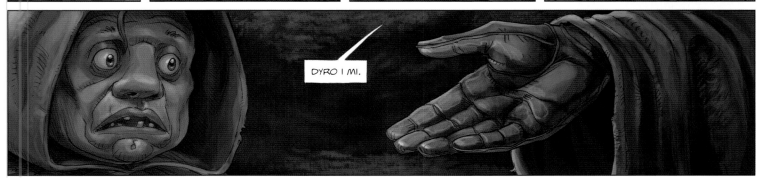

DYRO I MI.

DIOLCH. MAE'R CYFAN YNO.

MAE BOD YNG NGHWMNI'R ANFFYDDWYR YN DY DDWYN AR GYFEILIORN, FRAWD TOMOS.

DIWALLU DY BLESERAU YW'R UNIG BETH SYDD O BWYS I TI. YN DRACHWANTUS AC YN FERCHETWR, MAE'N BRYD DY ALW I GYFRI AM DY WENDIDAU.

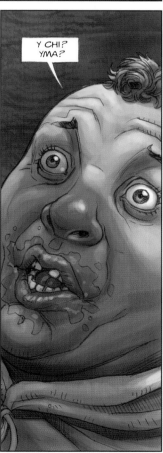

Y CHI? YMA?

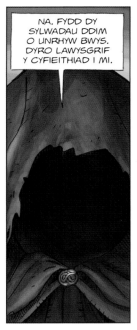

PAID AG YMHEL YN EIN MATERION NI, GWYNLAN!

NID GWNEUD MERTHYR OHONOT TI YW EIN BWRIAD.

SUT FYDDAI FY LLADD YN GWNEUD MERTHYR OHONOF?

PAID Â'M DILYN I!

PAM LAI?!

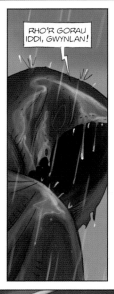